Fol. V
4702

L'HABITATION BYZANTINE

SUPPLÉMEN

Général L. de BEYLIÉ

L'HABITATION BYZANTINE

LES ANCIENNES MAISONS
DE
CONSTANTINOPLE

GRENOBLE
H. Falque & F. Perrin
ÉDITEURS
9, place Victor-Hugo

PARIS
Ernest LEROUX
ÉDITEUR
Rue Bonaparte, 28

1903

A Monsieur le Docteur MORDTMANN

ET

Au Révérend Père PETIT

Souvenir des plus reconnaissants.

PRÉFACE

PRÉFACE

Il y a environ quatre-vingts maisons, à Constantinople, rappelant, plus ou moins, le style des maisons de Mistra et des miniatures de Skylitzès. Sur ce nombre, quatre ou cinq sont probablement antérieures à la conquête musulmane, toutes les autres sont postérieures et d'un style dégénéré, bien que construites par des architectes byzantins. Elles conservent des siècles précédents les couches alternées de briques et de pierres du XIVe siècle, les étages à encorbellement et les balcons couverts, mais se distinguent par l'emploi fréquent de l'ogive en accolade et de l'ornementation polygonale du style dit arabe. Plusieurs spécimens de ce genre se rencontrent déjà dans le manuscrit de Skylitzès. Il est incontestable que l'architecture arabe, c'est-à-dire persane et copte, en pleine floraison dans tous les pays musulmans depuis le milieu du XIIIe siècle, a dû avoir, même avant la conquête, une influence considérable sur Byzance, qui n'était plus, aux XIVe et XVe siècles, qu'une petite enclave grecque au milieu des immenses contrées conquises par l'Islam. Les arts de l'Orient, dont nous avons constaté, au IVe siècle, l'influence décisive sur les débuts de l'architecture byzantine, et, au temps des Iconoclastes, l'imitation directe jusque dans la structure des palais impériaux, continuaient à pénétrer dans un domaine où leurs traditions étaient déjà familières. Les appliques de faïence aux façades des églises de Nauplie et de Mistra le prouvent assez. Il n'y aurait donc rien d'étonnant à ce que, dans cette période de décadence, les habitations bourgeoises de l'une et de l'autre rive du Bosphore aient un peu cousiné ensemble.

Un trait à noter c'est qu'à la même époque (XIVe et XVe siècles) l'Europe centrale adopta pour les maisons particulières le système oriental des étages à encorbellement. Cette évolution dans l'architecture européenne se manifesta précisément à la chute de l'empire latin d'Orient et dura deux cents ans. Il y eut peut-être là plus qu'une coïncidence.

De nos jours, cette mode semble renaître en partie avec l'emploi du Bow-Window.

Nous allons étudier successivement les anciennes maisons de Stamboul, du Phanar, de Galata, c'est-à-dire des trois quartiers, turc, grec et latin de Constantinople, où se trouvent encore des vestiges ou des copies des habitations byzantines antérieures à la conquête.

LES ANCIENNES MAISONS

DE

CONSTANTINOPLE

LES ANCIENNES MAISONS
DE
CONSTANTINOPLE

I. Quartier de Stamboul. — II. Phanar. — III. Galata.

CHAPITRE I

QUARTIER DE STAMBOUL

Il est difficile d'indiquer d'une manière exacte combien il subsiste, à Stamboul, d'anciennes maisons construites suivant la tradition byzantine. On pourrait en compter une cinquantaine, soit dans les rues, soit dans les enclaves du Grand-Bazar; peut-être en existe-t-il davantage, mais elles échappent, dans ce cas, aux observations des promeneurs, toujours surveillés par une population soupçonneuse et fanatique.

Ces édifices ne peuvent être très anciens, car les sièges, les incendies et les tremblements de terre n'ont presque rien épargné en dehors des églises. Aussi croyons-nous justifiée l'opinion admise, que tous les édifices importants ont été construits après la conquête, par des architectes grecs, d'après les traditions si tenaces de leur race en art et en architecture. Plus tard, et surtout de nos jours, sont intervenus des architectes italiens et même français et allemands, qui ont complètement modernisé le style, mais jamais, croyons-nous, on n'a eu à signaler l'intervention des Turcs naturellement rebelles aux études scientifiques.

Les constructions anciennes sont caractérisées par l'appareil des murs, qui comprennent des lits alternés de pierres et de briques avec joints cimentés en relief : un lit de pierres correspond généralement à deux lits de briques. Parfois les murs sont stuqués et couverts de bandes à dessins géométriques en léger relief, rappelant d'une façon frappante les motifs de la décoration de Melnic. Les fenêtres sont ogivales, mais avec une légère indication d'accolade et avec tympan plein. La maison de Koum-Kapou *(voir* page 5) et la douane *(voir* planche IV) ont seules des fenêtres à plein cintre. Ces tympans portent assez souvent, en relief, des dates et des dessins géométriques dont nous donnons ci-contre quelques exemples.

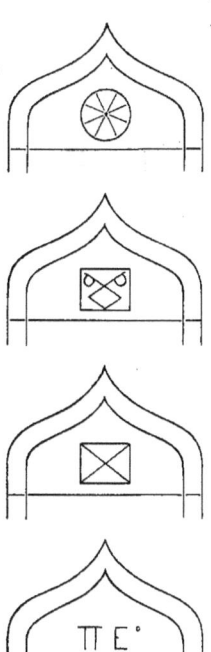

Les étages sont généralement en encorbellement et présentent une disposition typique en crémaillère dont nous retrouverons des exemples dans les Khans de Galata, qui passent pour avoir été construits avant la conquête. Dans ce système, de chaque chambre du même étage on pouvait voir ou tirer dans deux directions différentes. C'est le triomphe de la méfiance ou de la curiosité. Le système à crémaillère est d'un usage constant en fortification pour flanquer les angles saillants. On en trouve deux exemples dans les photographies que nous reproduisons des maisons de Stamboul *(voir* planches II et IV) et de Galata (maison génoise, rue Perchembé-Bazar, planche X et page 17).

En principe, les panneaux des portes et les volets des fenêtres sont en fer. L'emploi du fer doit être considéré surtout comme une précaution contre les incendies si fréquents à Constantinople.

Les toits sont presque tous à batière et couverts en tuiles, les corniches supérieures du bâtiment sont généralement à trois rangées de briques disposées en dents de scie, comme dans nos maisons romanes et la plupart de nos habitations rurales modernes.

Maison de Koum-Kapou. — Cette maison, située le long de la voie ferrée, à 800 mètres environ à l'ouest de la station de Koum-Kapou, à l'intérieur de Stamboul, passe, d'après la tradition, pour être la plus ancienne maison byzantine de Constantinople. Toutefois, l'examen des matériaux, surtout du ciment, a persuadé M. Benj. Paluka qu'elle n'est pas byzantine. Elle est intéressante par les fenêtres à plein cintre et le balcon couvert de son premier étage, analogue à celui de Tekfour-Seraï. Elle ne comprend, à chaque étage, qu'une pièce voûtée, de dimensions médiocres ($4^m,50$ sur 6^m), dont les fenêtres s'ouvrent sur une des petites façades, celles que surmonte le pignon. Elle était attenante à un bain turc, construit comme elle, et détruit

Planche I

STAMBOUL : VIZIR KHAN
Cour intérieure (xve siècle)

STAMBOUL : VIZIR KHAN
Entrée de la rue Djemberli tach (xve siècle)

Planche II

STAMBOUL : BUYUCK-IENI-KHAN (Caisse d'épargne)
Vue intérieure (xviie siècle)

STAMBOUL : BUYUCK-IENI-KHAN (Caisse d'épargne)
Façade (xviie siècle)

par un incendie. La salle du premier étage, où l'on pénétrait par derrière, servait alors de vestiaire[1].

La douane de Stamboul *(voir* planche IV) a des fenêtres à plein cintre comme la maison de Koum-Kapou.

Vizir-Khan. — Ce Khan est le plus ancien de Stamboul et date du XVe siècle. Nous en donnons deux vues.

Buyuck-ieni-Khan ou Caisse d'Épargne. — Ce vaste édifice a été construit au XVIIe siècle. Nous donnons une vue des galeries prise de l'intérieur de la cour principale. Trois côtés du bâtiment sont à arcades à plein cintre, y compris le côté de l'entrée. Les chambres de chaque étage débouchent sur les galeries et prennent généralement le jour par les fenêtres du mur extérieur. L'escalier est situé

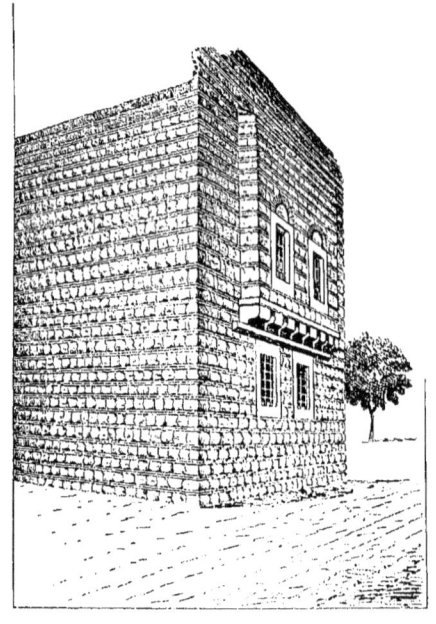

ANCIENNE MAISON BYZANTINE DE KOUM-KAPOU

sous les galeries, à droite en entrant, et dessert chaque étage. L'intérieur de ce khan rappelle assez bien les pandocheia de Syrie et spécialement les couvents du Mont-Athos. L'extérieur est à crémaillère.

Bazar Égyptien. — Ce bazar, de même que la plupart des bazars de Stamboul, possède de grandes et belles voûtes en berceau, avec fenêtres latérales au bas des voûtes, rappelant en plus grand la galerie qui mettait en communication, à Rome, le palais du Palatin avec le Colysée. Nous ne le décrirons pas. Nous nous contenterons de signaler, en haut d'une tour du Bazar, une sorte de roue en briques, analogue aux décorations extérieures de Melnic *(voir* planche III).

L'une des portes du Bazar Égyptien est surmontée d'un balcon cou-

---

[1] Nous devons ces renseignements à l'obligeance du R. P. Petit.

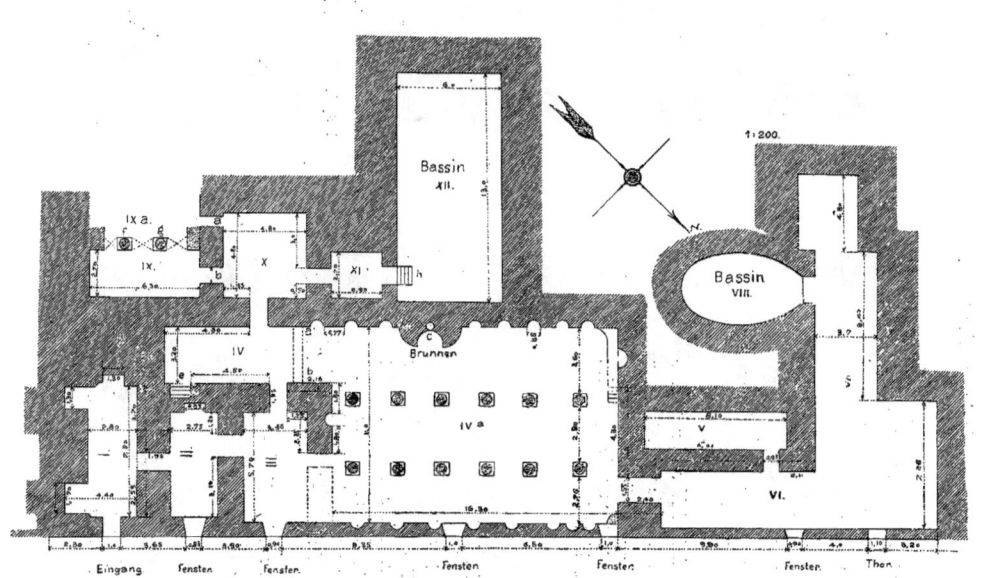

RUINES D'UN ÉDIFICE BYZANTIN DU Xe SIÈCLE
(D'après M. Benj. Paluka)

STAMBOUL : PORTE DU BAZAR ÉGYPTIEN
Rue Ketendjiler Kapou-tou

STAMBOUL : KHAZNEDER KHAN
Rue Tarouk-Bazar

Planche IV

STAMBOUL : FAÇADE DU KHAN HASSAN-PACHA-HANI
Quartier du sultan Bayazid

STAMBOUL : KUTCHUCK IENI KHAN
Rue Tchakmajiler

STAMBOUL : PORTE DE LA DOUANE

STAMBOUL : MAISONS Nos 168 ET 170, INHABITÉES
(Vaste salle voûtée)

vert, probablement destiné à la surveillance ou à la défense. Cette même disposition se retrouve dans la plupart des khans, et spécialement à Vizir-Khan *(voir* planche I).

Avant de quitter Stamboul, nous signalerons les ruines d'anciens bains particuliers byzantins qui ont été étudiés par M. Benj. Paluka[1]. Ces bains auraient appartenu à un palais du xe siècle, restauré au xive, ainsi que l'indiquent les briques portant les marques de Romain Lacapène (xe siècle) et d'Andronic II ou d'Andronic III (xive siècle). La reproduction que nous

RUINES D'UN ÉDIFICE BYZANTIN DU Xe SIÈCLE
(D'après M. Benj. Paluka)

donnons ici de deux des croquis de cette étude rappelle assez bien les dispositions des bains turcs. La salle principale est ornée de colonnes et de niches. Le bassin XII serait une grande piscine.

CHAPITRE II

PHANAR

Ce quartier, qui longe la Corne d'Or sur la rive droite, depuis le vieux pont jusqu'à Balata, a servi de refuges aux anciennes familles grecques après la conquête turque ; son insalubrité l'avait fait négliger par les vainqueurs. Les anciennes maisons de style byzantin qu'on y rencontre sont au

---

[1] Mitteilungen des Deutschen Exkursions-Klub in Konstantinopel, Neue Folge IIe Heft.

nombre d'une vingtaine et se trouvent toutes dans la rue même du Phanar, en dehors de l'ancien mur des fortifications et du côté de la mer. M. Gédéon, l'archiviste du Patriarchat, si honorablement connu par ses études sur l'histoire byzantine et l'Église grecque, assure, ainsi que certains de ses compatriotes, qu'aucune de ces maisons n'est antérieure à la conquête. Il y aurait à cela plusieurs raisons :

1° Les inscriptions relevées sur les maisons sont, en général, des XVIIe et XVIIIe siècles ;

2° Le patriarche, chef de la communauté grecque, ne s'est installé au Phanar qu'en 1600 ;

3° Il eût été contraire aux règles de la guerre de laisser construire, du temps de Byzance, des maisons sur le glacis de quelques mètres de largeur qui s'étendait entre les remparts et la mer ;

4° D'après Villehardouin, lors du siège de Constantinople par les Croisés, en 1204, les Vénitiens abordèrent directement aux murs du Phanar avec leurs navires et donnèrent l'assaut en jetant des ponts volants du haut des vergues sur les murs. Ce fait semblerait indiquer qu'il n'y avait pas de constructions entre les murs et la mer.

Ces raisons paraissent sérieuses, mais elles ne sont pas décisives.

1° Plusieurs maisons, en effet, portent des dates du XVIIe et du XVIIIe siècle, mais d'autres du même style, non datées, les ont de beaucoup précédées, entre autres les deux maisons de la légation de Venise, peut-être du XVe siècle, et, sans conteste, nous en donnerons les raisons, antérieures à 1584.

2° Le Patriarche est venu s'installer en 1600 au Phanar, parce que, à cette époque, ce quartier avait atteint son plein développement et que les familles phanariotes qui y résidaient occupaient les principaux emplois du gouvernement ottoman, mais la rue du Phanar existait depuis longtemps.

3° Au XIIe siècle, la rive droite de la Corne d'Or, sur une longueur de 600 mètres à droite et d'autant à gauche du nouveau pont, était occupée par les concessions génoises, pisanes et vénitiennes, dont les contrats nous sont restés. Nous y voyons que chacune de ces républiques disposait de quais spéciaux et que, de la mer jusqu'aux murs, tout le terrain était occupé par des boutiques de changeurs, des magasins de construction légère et même des habitations ; seules les portes devaient rester dégagées, ainsi que le prévoyait un article spécial. Beaucoup de couvents avaient leur débarcadère et leur dépôt particuliers le long des autres quais. Il devait en être de même au Phanar, qui était bien moins menacé que les parties du port avoisinant le Bosphore. A l'intérieur de la ville se trouvaient les habitations principales des citoyens de chaque nationalité ; chaque État avait son quartier spécial fortifié. Les Génois étaient gouvernés par un podestat, les Vénitiens par un bayle et les Pisans par un consul. Les contrats auxquels nous faisons allusion sont de 1170, 1192 et 1202[1].

Ces faits indiquent que les empereurs byzantins oubliaient les nécessités de la défense pour des intérêts politiques ou commerciaux, et qu'il était aisé, moyennant finances, d'obtenir des concessions entre la fortification et la mer.

4° Les vaisseaux vénitiens ont, en effet, abordé directement les murs du Phanar en 1204, mais en certains points seulement, car les rives sont assez irrégulières et les anciennes cartes indiquent fort bien que, de la pointe du Seraï au fond de la Corne d'Or, la bande de terrain qui longeait les murs était de largeur variable.

A notre avis, et nous partageons en cela la manière de voir du Dr Mordtmann, il existait des maisons hors des murs, au Phanar, avant la conquête, et rien ne prouve que certaines de ces maisons ne soient encore debout. De toutes façons, on peut assurer que les maisons byzantines actuelles sont les copies de maisons plus anciennes et représentant le type de la maison seigneuriale d'archonte.

Maisons de l'ancienne légation de Venise. — La maison 270 et la maison suivante 272 qui appartiennent aujourd'hui à M. Spatharis, lieutenant dans la garde impériale, et descendant d'une ancienne famille phanariote, ont été occupées autrefois par le Bayle de Venise et les bureaux de la légation de la République. Elles nous ont été signalées par le Dr Mordtmann. M. Spatharis ignore l'époque à laquelle les deux immeubles ont été acquis par sa famille, mais il sait, à n'en pas douter, que ses ancêtres les ont acquis directement des Vénitiens. D'après le Dr Mordtmann, qui connaît si bien la topographie et l'histoire de l'ancienne Byzance, ces maisons dateraient de la fin du xve siècle. On sait, en effet, que les Vénitiens et les Ragusiens se réfugièrent au Phanar et à Balata immédiatement après la conquête, et que le Bayle de Venise dut s'y installer lui-même dès que la paix fut conclue entre Mehemed II et la République. Les Vénitiens et un certain nombre de Latins demeurèrent au Phanar jusqu'en 1634, époque à laquelle la dernière de leurs églises, Sainte-Marie, ayant été transformée en mosquée,

---

[1] Belin, *Histoire de la Latinité à Constantinople,* pp. 39 et 41 (2e édition revue par le R. P. Arsène de Chatel).

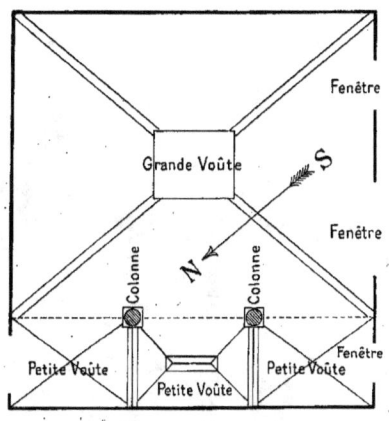

SALON DE L'ANCIENNE LÉGATION VÉNITIENNE
(Maison 270, Grande-Rue du Phanar)

ils durent abandonner le Phanar et chercher un asile à Galata, chez leurs anciens ennemis les Génois. Toutefois, dès 1584, le Bayle de Venise avait une installation à Pera, car nous trouvons à cette date des pièces signées de lui avec l'indication : « fait aux vignes de Péra ». Stephen Gerlach, qui visitait Constantinople en 1690, nous parle également de cette résidence qui se trouvait sur l'emplacement actuel de la rue de Venise.

La maison n° 270 a deux étages *(voir* planche V), elle est en briques et pierres. Un grand vestibule voûté de 4 mètres de largeur traverse toute la maison comme dans les maisons de Venise ; à droite, au niveau de la rue, une pièce voûtée sert de cave. Il n'existe pas de sous-sol à cause des infiltrations de la mer. L'escalier se trouve à l'extrémité du vestibule, à droite. Au dire de M. Spatharis, qui tient ce détail de ses grands-parents, cet escalier était autrefois extérieur, avec véranda, et la maison se terminait en ce point. La construction qui prolonge la maison vers la plage et qui englobe l'escalier est récente.

Le premier étage comprend deux chambres voûtées donnant sur la rue. Le deuxième étage est l'étage principal et se compose d'une seule pièce occupant toute la largeur de la maison et précédée sur le côté *(voir* croquis ci-dessus) d'une sorte de narthex voûté en bonnet-de-prêtre, avec trois arcades gothiques légèrement à accolade. Les colonnes sont en marbre, cylindriques et couronnées de chapiteaux à stalactites. La pièce principale est aussi voûtée en bonnet-de-prêtre. La clef de voûte est formée par une grande dalle de marbre rectangulaire. D'après M. Spatharis, les briques de la voûte ont dix centimètres d'épaisseur et cinquante centimètres de côté. L'espace compris entre la voûte et le toit est rempli de jarres vides, de taille moyenne, empilées symétriquement, telles qu'on en a trouvé dans les édifices du ve et du vi^e siècle, à Ravenne. Il en est de même pour toutes les maisons du Phanar. Ces poteries étaient sans doute destinées à soutenir le toit sans surcharger la voûte. Le dallage du salon-chambre à coucher que nous venons de décrire est constitué par des blocs de marbre, aujourd'hui recouverts d'un parquet en bois. La pièce est éclairée par trois

Planche V

PHANAR : ANCIENNE LÉGATION VÉNITIENNE
Maisons 272, 270

PHANAR : ANCIENNE LÉGATION VÉNITIENNE
Maisons 272, 270

fenêtres à *plein cintre* donnant sur la rue du Phanar; la fenêtre du milieu est munie d'un moucharabie moderne. Les deux petites fenêtres de côté, non portées sur le plan, mais visibles sur la photographie, seraient également modernes.

Maison n° 272. — La maison voisine est fort intéressante. Elle était également occupée par la légation de Venise et communiquait avec la première par une porte intérieure située au deuxième étage et murée depuis.

Le vestibule d'entrée est dallé de briques octogonales analogues à celles de la maison de Melnic. L'escalier se trouve au centre de la maison et n'a pas été modifié postérieurement, comme dans la maison précédente; l'escalier est donc intérieur. Nous croyons, toutefois, que les escaliers du Phanar étaient souvent extérieurs et sur le derrière de la maison, chaque fois que l'on disposait de ce côté d'une cour ou d'un jardin. Nous en avons remarqué de ce genre en longeant, en bateau à vapeur, la rive droite de la Corne d'Or. Dans ce cas, l'escalier ne conduit qu'au premier étage. La porte du rez-de-chaussée se trouve au-dessous du premier palier.

Dans la maison 272 une colonne prismatique à chapiteau à stalactite soutient, à l'entrée, un des côtés de la voûte de l'escalier. Au deuxième étage, dont le présent croquis montre le plan, on débouche dans une grande salle à plafond plat, à colonnes cylindriques en marbre avec chapiteaux à stalactites; les arcs de la colonnade du narthex sont en ogive et légèrement en accolade. Dominant les dernières marches de l'escalier se dresse, à hauteur d'appui, entre deux colonnes de la grande

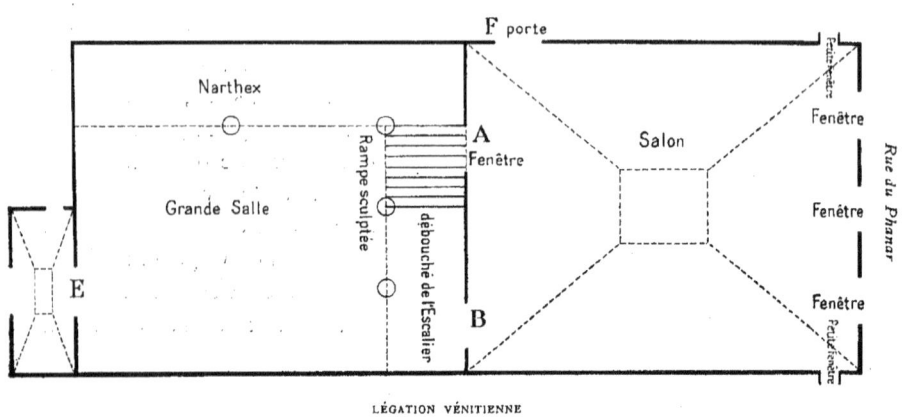

LÉGATION VÉNITIENNE
(Maison 272)

salle, une balustrade en bois noir sculpté et ajouré, de style Renaissance, décorée au centre d'un écusson que soutiennent deux lions. Cet écusson ne porte ni peinture, ni sculpture. En E, une pièce voûtée en bonnet-de-prêtre prend vue sur la Corne d'Or. En B se trouve une porte à chambranle de marbre sculptée de fleurettes, avec une petite croix grecque sur le linteau supérieur. La chambre à coucher ou salon qui donne sur la rue est voûtée en bonnet-de-prêtre. Elle est bordée dans le bas, sur les quatre côtés et sur une hauteur de soixante centimètres environ, de carreaux de belle faïence persane. Une porte ouverte dans le mur de refend mettait cette pièce en communication avec le narthex du salon de la maison n° 270. Cette porte F est aujourd'hui murée. L'espace libre entre la voûte et le toit est entièrement rempli, suivant la règle précitée, de jarres en terre.

Malheureusement, les voûtes de l'escalier et de l'étage inférieur ont souffert du dernier tremblement de terre et sont lézardées. M. Spatharis craint de se trouver dans l'obligation de démolir ce bâtiment. Ainsi disparaîtront petit à petit toutes les anciennes maisons du Phanar.

Maison n° 302. — Non loin de la légation de Venise et sur le même côté se trouve la maison n° 302, dont nous décrirons seulement la très curieuse chambre à coucher ou salon. Cette pièce, qui occupe dans chaque habitation toute la façade donnant sur la rue, sert tantôt de chambre à coucher, tantôt de salon. C'est pour cette raison que nous l'appelons, ainsi que dans les maisons précédentes, salon-chambre à coucher. En tous cas, cette chambre est toujours la pièce principale et a toujours la même orientation dans chaque maison, ce qui provient peut-être de ce que la rue est à peu près rectiligne. Cependant le fait est à noter et c'est M. Spatharis lui-même qui nous l'a fait remarquer.

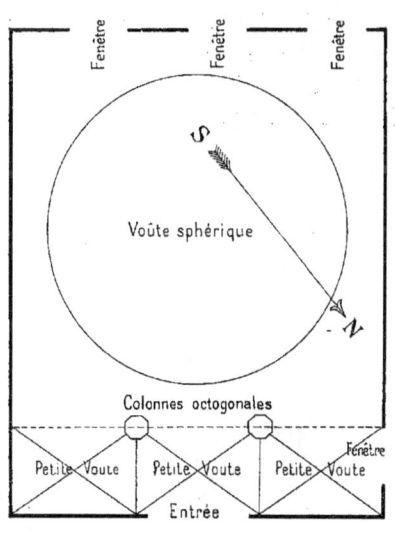

MAISON 302

Une porte en fer, conformément à l'habitude, donne accès dans le

Planche VI

PHANAR : METOCHION DU SINAÏ, A BALATA

PHANAR
Maisons 222 et 224

Planche VIII

PHANAR
(A gauche mur de l'ancienne fortification)

PHANAR
Maison de 1777 (actuellement atelier de menuiserie)

Planche VII

PHANAR
Maison n° 52 (maison d'Arménien)

PHANAR
Maison voisine de l'église bulgare

salon-chambre à coucher. Sur le linteau en pierre de la porte est inscrite l'inscription suivante, en grec : « Que le Christ protège les habitants de cette maison. En l'an de grâce 1676 au mois d'août. » On rencontre ensuite une sorte de narthex à trois voûtes en bonnet-de-prêtre, avec des colonnes hexagonales à chapiteaux à stalactites. Les arcades sont ogivales et comme toujours légèrement en accolade.

La chambre est couverte par une calotte sphérique peinte en bleu, bordée à sa base par une corniche jaune de dix centimètres environ de largeur et sculptée en stalactites. Des sortes d'écussons stuqués à moulures jaunes, donnant un peu l'impression de nos cartouches du xviiie siècle, occupent les milieux des triangles sphériques des quatre angles de la pièce. Une légère corniche de quelques centimètres de large, en bois sculpté, à dessin byzantin, peinte en jaune, court le long des murs à hauteur des chapiteaux des colonnes.

Cette chambre n'a pas de moucharabié, mais l'étage (premier étage) souligné par des corbeaux de pierre, avance de quelques centimètres sur la rue. Ici encore des jarres de terre se trouvent interposées entre la calotte sphérique et le toit.

Les salons-chambres à coucher des maisons 270 et 302 ressemblent d'une manière frappante aux chambres similaires du palais impérial de Constantinople si bien décrites par Labarthe, d'après le livre des cérémonies de Constantin Porphyrogénète. Nous y retrouvons toujours le narthex et la chambre voûtée ou à coupole. Il n'y manque que les mosaïques.

Autres maisons. — Les photographies que nous reproduisons des principales maisons du Phanar *(voir* planches VI, VII et VIII) ne nécessitent aucune explication spéciale. Nous attirerons l'attention sur le Métochion du Sinaï à Balata, restauré en 1855. Il est peint en bleu clair, bien que les murs soient comme les précédents en pierre et en brique. Les deux pavillons d'entrée sont d'inégale grandeur. Il subsiste, du reste, peu de choses de ce quartier anciennement riche et noble, mais qui fut détruit par un immense incendie sous les derniers Paléologues et ne fut pas reconstruit depuis.

Beaucoup de maisons à Constantinople sont bleues, rouges, jaunes, etc., etc... L'ancien palais des Ypsilanti, à Thérapia, occupé depuis bientôt un siècle par l'ambassade de France, est rouge. Nous avons vu que la polychromie était depuis longtemps familière aux Byzantins.

Ajoutons qu'au Phanar, de même qu'à Stamboul et à Galata, les portes et les fenêtres sont en fer.

CHAPITRE III

GALATA

Le faubourg de Galata était peu important avant le xiiie siècle ; il était surtout connu par l'ouvrage de fortification défendant le point d'attache de la fameuse chaîne qui fermait le port. En 1261, l'empereur Michel Paléologue, pour remercier les Génois de l'avoir aidé à reconquérir Constantinople sur les Latins, leur donna en toute propriété le faubourg de Galata. Le quartier de Péra, que l'on confondait parfois avec Galata, faisait partie de la banlieue de Galata et n'avait pas de fortifications. On y rencontrait surtout les villas des riches négociants latins.

Les Génois s'administraient eux-mêmes sous les ordres d'un podestat nommé annuellement par la République de Gênes. Au commencement du xive siècle, en 1303, ils obtinrent d'Andronic le Vieux l'autorisation de limiter la ville de Galata par un fossé de défense qu'ils ne tardèrent pas à renforcer d'un mur ; en 1341, à la mort d'Andronic III le Jeune, après bien des difficultés et des luttes, ce modeste mur se trouva transformé en rempart respectable, appuyé de tours en maçonnerie. Byzance avait désormais à côté d'elle une rivale commerciale fortifiée qui aurait fini, à la longue, par l'égaler en splendeur et en population si l'Empire avait duré.

En 1451, c'est-à-dire deux ans avant la prise de Constantinople, les Galatiotes signèrent un traité particulier d'alliance avec Mehemed II, qui voulut bien, au moment du pillage de 1453, ménager leurs vies et leurs propriétés. Toutefois, leurs anciens privilèges furent en partie abolis et la ville fut régie par une sorte de conseil municipal[1]. A partir de cette époque, Turcs et Latins vinrent petit à petit s'installer dans ce faubourg et, en 1634, au moment de la transformation, par ordre du sultan, de l'église Sainte-Marie de Constantinople en mosquée, les derniers Latins du Phanar transportèrent, ainsi que nous l'avons dit, leur domicile à Galata.

Le quartier de Galata compte environ une douzaine de maisons imitant le style byzantin et deux couvents du xive siècle : Saint-Pierre et Saint-

---

[1] Il n'y eut plus de podestat ; ce fonctionnaire s'était, du reste, refusé à reconnaître le nouvel état de choses.

GALATA : PALAIS DU PODESTAT
(XIV⁰ SIÈCLE)
Entrée rue de la Banque

GALATA : PALAIS DU PODESTAT
(XIV⁰ SIÈCLE)
Côté de la rue Voïvode

GALATA : PALAIS DU PODESTAT (XIV⁰ SIÈCLE)
Rue Perchembé-Bazar

Benoît. Nous ne parlerons pas, bien entendu, des fortifications dont il reste cependant quelques tours ou pans de mur enclavés dans les groupes de maisons et spécialement la célèbre tour de Galata, plus ou moins restaurée, qui sert actuellement de poste de vigie pour les pompiers.

La plupart des anciennes maisons se trouvent dans la rue Perchembé-Bazar ou dans son prolongement, près de la poste française et de la banque ottomane.

Palais du Podestat. — Ce palais, ainsi que le veut la tradition et que l'indique, du reste, son aspect extérieur, est du xive ou du xve siècle. D'après M. Delaunay, les armes d'un Marinis, podestat de Péra, se verraient encore sous le badigeon du vestibule. Connu longtemps sous le nom de Franchini-Khan, parce qu'il se trouvait au centre de l'agglomération latine, il s'appelle aujourd'hui Hamdi-Pacha-Khan, du nom de l'un des derniers propriétaires, et est devenu une simple maison de rapport dont toutes les parties sont louées à des magasins ou à des ateliers *(voir* planche IX).

L'édifice, de forme carrée, est construit sur un terrain en pente ; il a deux étages au-dessus du rez-de-chaussée du côté de la rue Voïvode et un étage seulement au-dessus du rez-de-chaussée du côté de la rue de la Banque. Cette dernière façade est surmontée d'un mirador élevé après coup, au dire du gardien du Khan, par l'ancien propriétaire turc de la maison.

Les fenêtres sont à plein cintre. Un des côtés, celui de l'Ouest, est dépourvu d'ouvertures.

Le rez-de-chaussée du palais, en contre-bas de la rue Voïvode, est occupé par des magasins de vente, ainsi que le montre notre planche. Chaque magasin communique avec le premier étage par un escalier en bois situé dans le fond de la boutique. Il y a autant d'escaliers que de boutiques. Cette

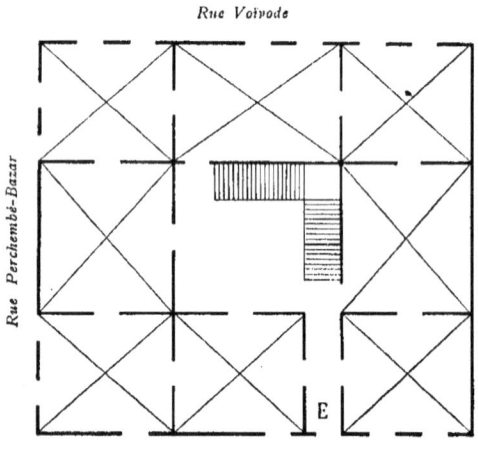

GALATA, Palais du Podestat, xvie siècle
(Plan schématique du 1er étage fait de mémoire)
E Entrée

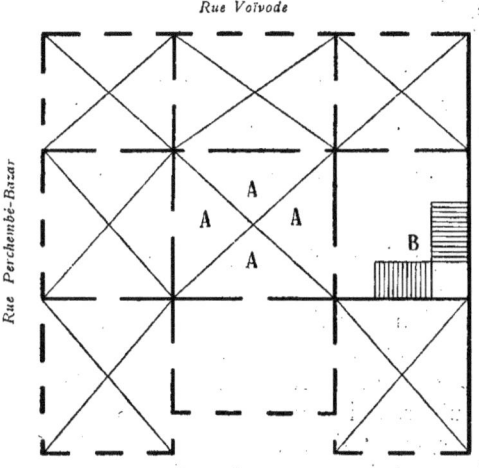

Galata, Palais du Podestat, xiv⁰ siècle
(Plan schématique du 2⁰ étage fait de mémoire)
A Palier
B Escalier en bois du mirador

disposition est probablement récente.

L'entrée principale de la maison se trouve au premier étage, rue de la Banque, de plain-pied avec la rue ; la deuxième porte à gauche du spectateur est moderne et donne accès dans la boutique d'un menuisier.

La façade, de ce côté, est des plus curieuses avec les deux balcons couverts qui flanquent l'entrée principale ; elle rappelle la façade déjà vue d'une maison du Phanar.

En franchissant la porte d'entrée on trouve un vestibule à plafond plat, sur lequel débouchent, à droite et à gauche, deux pièces voûtées en bonnet de prêtre. On rencontre ensuite un escalier en bois dont la cage occupe le milieu de la maison et qui conduit au deuxième étage. Les premier et deuxième étages se composent chacun de huit pièces voûtées en bonnet de prêtre, disposées symétriquement autour de l'escalier et ouvrant sur le palier.

On monte au mirador par un escalier en bois qui prend naissance dans la pièce B. Le mirador contient deux chambres. Il est à remarquer que chacune des voûtes est couverte par un petit toit bas, à batière, en tuiles, de sorte que chacune des pièces du deuxième étage est dotée d'un toit spécial. Cette disposition n'est visible que du mirador.

On remarquera que ce palais, par l'appareil des murs, le système des voûtes, l'emploi des balcons couverts se rapproche entièrement des maisons grecques du Phanar. Il n'en diffère que par la disposition des pièces. La raison en est que le palais du Podestat a été construit tout d'une pièce, du temps de Galata libre, c'est-à-dire au xiv⁰ siècle, pour l'usage d'un grand personnage officiel, tandis que les deux maisons de la légation de Venise n'ont été qu'une adaptation craintive, faite après la conquête, de deux habitations particulières réunies par une porte de communication.

Planche X

GALATA : MAISON GÊNOISE (XIVᵉ SIÈCLE)
Côté de la rue Perchembé-Bazar

GALATA : MAISON GÊNOISE (XIVᵉ SIÈCLE)
Côté de l'Impasse Djerbir

Ancienne maison génoise.
— Une autre maison, fort curieuse, avec étages à crémaillère, se trouve un peu plus bas, dans le prolongement de la rue Perchembé-Bazar. Elle passe pour très ancienne et antérieure à la conquête. Elle a été restaurée récemment, nous ignorons dans quelle mesure, par un propriétaire turc et transformée en Khan. Nous en donnons deux vues : 1° façade A, dans le prolongement de la rue Perchembé-Bazar ; 2° façade B, dans une petite rue perpendiculaire à la première *(voir* planche X).

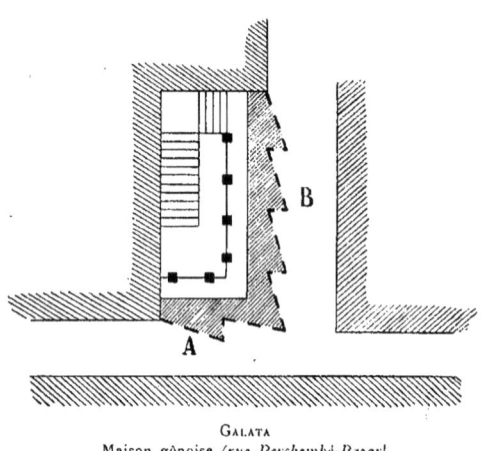

GALATA
Maison génoise *(rue Perchembé-Bazar)*

Une petite cour intérieure sert de cage à un escalier conduisant à la galerie du premier étage au-dessus de l'entresol. Un autre escalier, situé à l'angle de la galerie du premier étage, conduit au second étage. Les arcades des galeries de chaque étage (1er et 2me étages) sont en ogive et légèrement en accolade. Il n'y a pas de galerie au rez-de-chaussée et à l'entresol. Ces galeries ouvertes présentent le même aspect que celles de la Caisse d'Épargne de Stamboul.

Le mur de la cour est couvert d'un crépissage qui laisse apparaître, par endroits, un enduit peint, rouge et bleu, imitant avec fantaisie les murs de pierres et de briques. Un enduit du même genre se remarque sur le mur de la cour d'entrée du monastère de Stoudion, à Stamboul, laquelle doit dater d'une restauration latine du XIIIe siècle.

Couvent de Saint-Pierre. — Le couvent de Saint-Pierre, au haut de la rue Perchembé-Bazar, est probablement du XIIIe siècle, mais les seuls documents connus le concernant ne remontent pas au-delà du XIVe siècle. Des remaniements successifs en ont complètement modifié le caractère. La phototypie qui représente le côté du palais du Podestat, situé rue Perchembé-Bazar, permet de se rendre un compte plus ou moins exact de l'extérieur de ce couvent. Celui-ci occupe sur l'image l'espace compris entre le palais du Podestat et la tour de Galata que l'on aperçoit dans le fond.

En face de ce couvent, et malheureusement en dehors de la vue que nous en donnons, se trouve une assez curieuse maison ancienne actuellement occupée par une banque (le dessin ci-dessous permettra de s'en faire une idée).

Couvent de Saint-Benoît. — Ce couvent, souvent détruit et souvent remanié, a été fondé sous Urbain V (1362-1370). Les seules parties anciennes sont le beffroi, qui appartenait probablement autrefois à un ouvrage fortifié, et la porte d'entrée, franchement byzantine, qui a dû être construite avec des matériaux plus anciens *(voir* planche XI).

Planche XI

GALATA
Porte d'entrée du Couvent de Saint-Benoît (XIVᵉ siècle)

GALATA
Couvent de Saint-Benoît (XIVᵉ siècle)

CONCLUSION

CONCLUSION

En résumé, toutes les anciennes maisons de Stamboul, de Galata et du Phanar, qu'elles soient antérieures ou postérieures à la conquête, ou même du xviiie siècle, présentent les caractères d'une même architecture qui est celle de Mistra (xive siècle), des miniatures du manuscrit de Skylitzès (xive siècle) et, sous certains rapports, celle de l'Europe centrale du moyen âge.

Cette architecture s'inspire des anciennes traditions de Byzance. Elle leur emprunte non seulement les briques et les moellons des parements, les jarres vides des coupoles, mais le plan même des édifices, les grandes pièces à coupoles, précédées d'un vestibule, semblables aux narthex des églises. Mais elle se distingue surtout par les balcons couverts, les étages à encorbellement et à crémaillère. Ces usages existaient-ils déjà à Byzance aux époques antérieures ? Cette question, que nous avons posée à propos des miniatures de Skylitzès, ne pourrait être tranchée que par une étude, plus approfondie que la nôtre, des miniatures du xie et du xiie siècle et surtout des habitations de la péninsule balkanique. Toutefois nous pencherions pour l'affirmative, car, en Orient, les usages se modifient très lentement et il serait bien étrange que, brusquement, au xive siècle, les architectes byzantins eussent adopté, sans précédents, les balcons couverts, les étages à encorbellement et à crémaillère pour toutes les habitations particulières. Quant à l'emploi de l'ogive, il indique une époque avancée. La maison de Koum-Kapou, la douane de Stamboul, les deux maisons de la légation vénitienne et le palais du Podestat ont seuls des fenêtres à plein cintre. Les maisons à ogive ne sont plus réellement byzantines, elles appartiennent à un style dégénéré.

En terminant ce travail, que nous avons dû écourter en raison d'obligations professionnelles qui nous retiendront pendant deux ans en dehors de l'Europe, nous tenons à remercier bien vivement M. le docteur Mordtmann et le Révérend Père Petit des précieux renseignements qu'ils ont bien voulu nous donner sur l'histoire de Constantinople et pour l'identification de ses anciens édifices. Sans l'aide si aimable de ces savants nous n'aurions certainement pas été en état de livrer ce modeste opuscule à la publicité avant notre départ de France.

ADDENDA

Au moment de mettre sous presse, M. Benj. Paluka nous signale les substructions d'une maison byzantine qu'il a découvertes dans le voisinage le plus proche de Sainte-Sophie et qui forment les dépendances d'une vaste habitation turque. L'arrangement des briques indiquerait l'époque de Justinien. Rien ne reste des murs qui se dressèrent au-dessus de ces fondements à demi ruinés. Nous tenons à remercier vivement ce savant archéologue qui a bien voulu, malgré de grandes difficultés, explorer à notre intention ces vestiges curieux, ainsi que la maison de Koum-Kapou.

ADDENDA ET ERRATA

P. 8. *Légende du plan de la Maison de Pansa, à Pompeï :*
1, vestibule ; 2, atrium ; 3, chambres ; 4, tablinium ; 5, passage ; 6, bibliothèque ; 7, péristyle ; 8, triclinium ; 9, salon ; 10, passage ; 11, jardin ; 12, 13, 14, cuisines et office ; 12 *bis*, portique ouvert.

P. 59ᵃ. *Au lieu de :* Mosaïque, ɪᴠᵉ siècle, *lire :* Mosaïque, ᴠɪᵉ siècle.

P. 59ᵇ. — — — — — —

P. 73, l. 9. *Au lieu de :* peut-être au xɪɪᵉ siècle, *lire :* au xᵉ ou xɪᵉ siècle.

P. 74. *Dans la légende du plan de la Maison seigneuriale de Melnic, au lieu de :* xɪɪᵉ ou xɪᴠᵉ siècle, *lire :* xᵉ ou xɪᵉ siècle.

P. 157. *Dans la légende du Palais près de San Moïse, au lieu de :* xɪᵉ siècle, *lire :* ɪxᵉ siècle.

TABLES

TABLE DES ILLUSTRATIONS

(La pagination en caractères gras indique la place des planches hors texte)

			PAGES
1.	Tympan de fenêtre (ancienne maison de Constantinople)		4
2.	—	—	4
3.	—	—	4
4.	—	—	4
5.	—	—	4
6.	Stamboul :	Vizir Khan, cour intérieure (xve siècle)	**5**[1]
7.	—	entrée de la rue Djemberli tach (xve siècle)	**5**[1]
8.	—	Buyuck-ieni-Khan (caisse d'épargne) vue intérieure (xviie siècle)	**5**[2]
9.	—	façade (xviie siècle)	**5**[2]
10.	—	Ancienne maison byzantine de Koum-Kapou	5
11.	—	Ruines d'un édifice byzantin du xe siècle	6
12.	—		7
13.	—	Porte du bazar égyptien, rue Ketendjiler Kapou-tou	**7**[1]
14.	—	rue Tarouk-Bazar	**7**[1]
15.	—	Façade du Khan Hassan-Pacha-Hani, quartier du sultan Bayazid	**7**[2]
16.	—	Kutchuck-ieni-Khan, rue Tchakmajiler	**7**[2]
17.	—	Porte de la douane	**7**[2]
18.	Phanar :	Maisons n°s 168 et 170, inhabitées (vaste salle voûtée)	**7**[2]
19.	—	Salon de l'ancienne légation vénitienne (croquis)	10
20.	—	Ancienne légation vénitienne	**10**
21.	—	—	**10**
22.	—	Légation vénitienne (croquis)	11
23.	—	Maison 302 (croquis)	12
24.	—	Metochion du Sinaï, à Balata	**12**
25.	—	Maison n°s 222 et 224	**12**
26.	—	(Mur de l'ancienne fortification, à gauche)	**13**[1]
27.	—	Maison de 1777	**13**[1]
28.	—	Maison n° 52 (maison d'Arménien)	**13**[2]
29.	—	Maison voisine de l'église bulgare	**13**[2]
30.	Galata :	Palais du podestat (xive siècle). Entrée rue de la Banque	**15**
31.	—	Côté de la rue Voïvode	**15**
32.	—	Rue Perchembé-Bazar	**15**
33.	—	Plan schématique du 1er étage	15

			PAGES
34. Galata :	Palais du podestat, xivᵉ siècle (plan schématique du 2ᵉ étage)........	16
35. —	Maison génoise (xivᵉ siècle). Côté de l'impasse Djerbir	**17**
36. —	— Côté de la rue Perchembé-Bazar......	**17**
37. —	— — (croquis)	17
38. —	Maison ancienne (actuellement banque).............	18
39. —	Porte d'entrée du couvent de Saint-Benoît (xivᵉ siècle).	**18**
40. —	Couvent de Saint-Benoît (xivᵉ siècle)...............	**18**

TABLE DES MATIÈRES

PAGES

Préface IX

LES ANCIENNES MAISONS DE CONSTANTINOPLE

Chapitre I. Quartier de Stamboul 3
— II. Phanar 7
— III. Galata 14

Conclusion 19

Addenda 22

ACHEVÉ D'IMPRIMER

le trente novembre mil neuf cent deux

sur les presses typographiques de la Maison

ALLIER FRÈRES

———

PHOTOTYPIE L. JOURDAN

———

ÉDITÉ PAR LA

LIBRAIRIE DAUPHINOISE

à

GRENOBLE

Général L. de BEYLIÉ

L'HABITATION BYZANTINE

LES ANCIENNES MAISONS
DE
CONSTANTINOPLE

GRENOBLE	PARIS
H. Falque & F. Perrin	Ernest Leroux
ÉDITEURS	ÉDITEUR
9, place Victor-Hugo	Rue Bonaparte, 28

1903

www.ingramcontent.com/pod-product-compliance
Lightning Source LLC
LaVergne TN
LVHW021004090426
835512LV00009B/2071